Lebenszyklusorientiertes Phasenmodell und Managementherausforderungen anhand eines IT-Projektes

Jan Fuhrmann

Bibliografische Information der Deutschen Nationalbibliothek:

Die Deutsche Nationalbibliothek verzeichnet diese Publikation in der Deutschen Nationalbibliografie; detaillierte bibliografische Daten sind im Internet über http://dnb.d-nb.de abrufbar.

ISBN: 9783346722362
Dieses Buch ist auch als E-Book erhältlich.

Druck und Bindung: Books on Demand GmbH, Norderstedt Germany
Gedruckt auf säurefreiem Papier aus verantwortungsvollen Quellen

Das vorliegende Werk wurde sorgfältig erarbeitet. Dennoch übernehmen Autoren und Verlag für die Richtigkeit von Angaben, Hinweisen, Links und Ratschlägen sowie eventuelle Druckfehler keine Haftung.

Das Buch bei GRIN: https://www.grin.com/document/1272015

Hausarbeit

Alternative C:

Lebenszyklusorientiertes Phasenmodell und Managementherausforderungen anhand eines IT-Projektes

Modul: Technologische Grundlagen und Management von IT

Studiengang: Digital Management & Transformation

von

Jan Fuhrmann

Studiengang: Digital Management & Transformation

Inhaltsverzeichnis

Abkürzungsverzeichnis

Abb.	-	Abbildung
bspw.	-	beispielsweise
bzgl.	-	bezüglich
bzw.	-	beziehungsweise
CPO	-	Cost per Order
etc.	-	et cetera
Hrsg.	-	Herausgeber
IT	-	Informationstechnologie
S.	-	Seite

Abbildungsverzeichnis

1. Einleitung

1.1 Problemstellung

Die Digitalisierung führt zu großen Veränderungen und neuen Herausforderungen, die innerhalb eines Unternehmens entstehen. Von der Leistungserstellung, über die Interaktion mit allen Marktbeteiligten, bis hin zur Steuerung von Unternehmen, haben sich alle Bereiche verändert (Mettig, 2017, S. 11). Mittlerweile haben 89% der Unternehmen eine Homepage (Statista, 2021) und die Umsätze im Bereich der Software haben sich in den letzten zehn Jahren fast verdoppelt (Statista, 2022). Zusätzlich zum gewachsenen Volumen sind die qualitativen Anforderungen an Software gestiegen. Um den gestiegenen qualitativen und quantitativen Anforderungen gerecht zu werden, mussten neue Herangehensweisen zur Umsetzung von großen IT-Projekten entstehen, die die Komplexität mindern und Übersichtlichkeit eines IT-Projektes vereinfachen sollen (Walter, Berger & Mühlfelder, 2017, S. 11-12). Nicht nur die Anforderungen innerhalb des Projektmanagements sind drastisch gestiegen. Auch das Management steht vor neuen Herausforderungen. Die IT ist häufig nicht nur noch eine Unterstützung für das Geschäftsmodell und die -prozesse, sondern die neuen Technologien ermöglichen ganz neue Geschäftsmodelle oder -prozesse. Diese Veränderungen führen zu neuen Herausforderungen, die das Management bewerkstelligen muss. Organisationen sind ständig in Change Prozessen und das Thema Führung, sowie die Schaffung von Wettbewerbsvorteilen müssen neu gedacht werden (Mettig, 2017, S. 11-12).

1.2 Zielsetzung

Diese Arbeit soll den Lesern ein grundlegendes Verständnis über die Themen Informationstechnologien und Informationssystemen, sowie den dazugehörigen Bereichen, geben. Zusätzlich wird das Thema IT-Projekt allein und im Bezug auf Vorgehensweisen zur Umsetzung von IT-Projekten den Lesern nähergebracht. Des Weiteren sollen diese Themen mithilfe des Praxisbeispiels vertieft werden und den Lesern einen besseren Einblick geben. Ein weiteres Ziel ist es aufzuzeigen, welche Managementherausforderungen bei IT-Projekten bzw. bei Digitalisierungsprozessen von Unternehmen entstehen. All diese Darstellungen sollen einen kurzen Einblick in diese Themen geben, sodass bei weiteren Interessen, die angegebene Literatur genutzt werden kann. Eine detaillierte und tiefe Beschreibung dieser Themen ist aufgrund des begrenzten Umfangs dieser Arbeit nicht möglich.

1.3 Aufbau der Arbeit

Vorangegangen mit der Problemstellung (Kapitel 1.1) und Zielsetzung (Kapitel 1.2) werden im Folgenden die theoretischen Grundlagen (Kapitel 2) dargestellt. Um ein grundlegendes Verständnis zu erlangen und die folgenden Anwendungen besser nachvollziehen zu können, werden zu Beginn die Begriffe Informationstechnologie (Kapitel 2.1), Informationssysteme (Kapitel 2.2) und IT-Projekt (Kapitel 2.3) beschrieben. Darauf aufbauend, folgt die Darstellung verschiedener Vorgehensmodelle (Kapitel 2.4), die zur Umsetzung von IT-Projekten genutzt werden. Hierbei wird zwischen den linearen (Kapitel 2.4.1) und agilen Vorgehensmodellen (Kapitel 2.4.2) unterschieden. In Kapitel 2.5 wird der IT-Lebenszyklus anhand eines linearen Vorgehensmodel beschrieben. Das 3. Kapitel befasst sich mit der Anwendung der theoretischen Inhalte anhand eines Praxisbeispiel. Kapitel 3.1 stellt das Beispielunternehmen vor. Folgend wird der IT-Lebenszyklus in Bezug auf dieses Praxisbeispiel dargestellt (Kapitel 3.2) und die Managementherausforderungen (Kapitel 3.3) präsentiert. Kapitel 4, die Diskussion, stellt eine kurze Zusammenfassung der wichtigsten Ergebnisse und die Einschränkungen dieser Arbeit dar. Abschließend wird im 5. Kapitel ein kurzer Ausblick aufgezeigt.

2. Theoretische Grundlagen

2.1 Informationstechnologie

Um den Begriff der Informationstechnologie (IT) zu definieren und zu erläutern, ist es sinnvoll vorab den Begriff Information und die dazugehörigen Bestandteile zu beschreiben. Eine Information ist laut der Informationstheorie ein Wissen, welches von einem Sender an einen Empfänger weitergegeben wird. Der Sender, sowie der Empfänger können menschlicher, tierischer oder technischer Natur sein. Die Übertragung der Information wird größtenteils mithilfe eines Mediums umgesetzt (Bratvogel & Joos, 2021, S. 7). Innerhalb der Wirtschaftsinformatik entsteht eine Information aus vorgelagerten Bestandteilen und wir nachfolgend zu Wissen. Eine Information kann nur zu Wissen werden, wenn die Information, die aus verschiedenen Zeichen besteht, eine Syntax enthält, die die Zeichen zu Daten wandelt. Diese Daten müssen eine Bedeutung haben oder in einem Kontext stehen, damit diese als Information beschrieben werden können. Im letzten Schritt werden die verschiedenen Informationen in einen Handlungsbezug gesetzt oder miteinander vernetzt, sodass Wissen entsteht (Leimeister, 2021, S. 27). Abbildung 1 verdeutlicht diese Beschreibung.

Abbildung 1: Wissensgenerierung
(Quelle: Leimeister, 2021, S. 27)

Von Informationstechnologien kann gesprochen werden, wenn Informationen mithilfe von einem elektronischen Medium übermittelt werden. Eine passende Definition ist, dass die Informationstechnologie als „Oberbegriff für alle mit der elektronischen Datenverarbeitung in Berührung stehenden Techniken" (Lackes & Siepermann, 2018) beschrieben wird.

2.2 Informationssysteme

Zur Beschreibung eines Informationssystems wird vorab der Begriff System definiert.
„Ein System besteht aus einer Menge von miteinander verknüpften Elementen, die sich insgesamt von ihrer Umgebung abgrenzen lassen." (Alpar, Alt, Bensberg & Weimann, 2019, S. 15).
Zur Beschreibung eines Informationssystems kann folgende Definition herangezogen werden.
„Informationssysteme sind sozio-technische Systeme, die aus menschlichen und maschinellen Komponenten bestehen" (Abts & Mülder, 2017, S. 15).
Die Aufgabe eines Informationssystems ist es Informationen in einer verständlichen Form, im passenden Umfang, zur richtigen Zeit am korrekten Ort bereitzustellen (Abts & Mülder, 2017, S. 15). Der Mensch nimmt meistens die Rolle des Entwicklers, Bedieners und Nutzer ein (Alpar, Alt, Bensberg & Weimann, 2019, S. 25). Das Informationssystem besteht aus einem Anwendungssystem und den Menschen als Anwender. Das

Anwendungssystem beinhaltet dabei die Hardware, Software, Daten und das Netzwerk. (Abts & Mülder, 2017, S. 15).

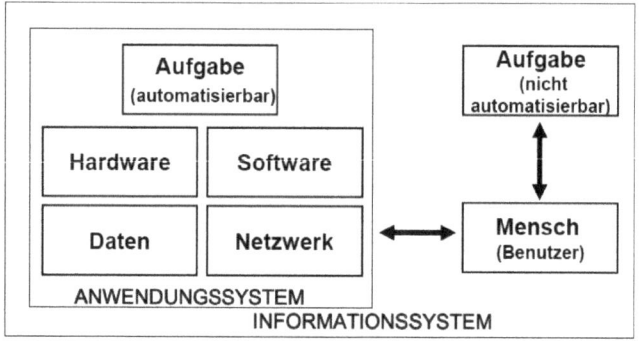

Abbildung 2: Informationssystem
(Quelle: Abts & Mülder, 2017, S. 15)

2.3 IT-Projekte

In Unternehmen gibt es viele verschiedene Aufgaben, die häufig routiniert abgearbeitet werden und zum Tagesgeschäft gehören. Zusätzlich zu den Routineaufgaben gibt es Sonderaufgaben, die aus der Reihe stattfinden und innerhalb einer Abteilung bearbeitet werden. Abzugrenzen von den Routine- und Sonderaufgaben sind Projekte. Projekte sind zeitlich begrenzt, neuartig, komplex und werden in der Regel von mehreren Beteiligten umgesetzt (Kraus & Westermann, 2019, S. 1-2).

Die Entwicklung eines neuen IT-Systems fällt somit unter die Definition eines Projektes, da dieses Projekt neuartig, zeitlich begrenzt, komplex und in der Regel mit mehreren Beteiligten umgesetzt wird. Für die Umsetzung eines IT-Projektes ist die Nutzung eines strukturierten Projektmanagements sehr sinnvoll. Die Wege zur Entwicklung eines neuen Systems können mit verschiedenen Vorgehensmodellen beschrieben und strukturiert werden (Leimeister, 2021, S. 350). In Kapitel 2.4 werden verschiedene Vorgehensmodelle dargestellt.

2.4 Vorgehensmodelle zur Umsetzung von IT-Projekten

Zur Umsetzung von IT-Projekten sind Phasenmodelle weit verbreitet. Es gibt viele verschiedene Modelle, die in der Regel mehrere Phasen beinhalten. Bei diesen Modellen wird zwischen linearen und agilen Vorgehensmodellen unterschieden. Agile Vorgehensmodelle haben sich in den letzten Jahren und vor allem bei größeren IT-Projekten durchgesetzt. Dies hat den Hintergrund, dass bei linearen Vorgehensmodellen, kurzfristige Veränderungen schwer umsetzbar und mit hohem Aufwand bzw. Kosten verbunden sind (Leimeister, 2021, S. 354). Beide Vorgehensmodellarten ermöglichen es, den Projektablauf besser zu planen und kontrollieren, sowie die Komplexität eines Projektes zu reduzieren. Die einzelnen Phasen beinhalten üblicherweise Ziele, Aktivitäten und Ergebnisse (Abts & Mülder, 2017, S. 430-431).

2.4.1 Lineare Vorgehensmodelle

Im Bereich der linearen Vorgehensmodellen ist das Wasserfallmodell eines der weitverbreitetsten Modelle. Dieses Modell wird häufig mit sechs Phasen dargestellt. Inhalte sind beispielsweise die Planungsphase, Definitionsphase, Entwurfsphase, Implementierungsphase, Testphase und Wartungsphase (Mertens, Bodendorf, König, Schuhmann, Hess & Buxmann 2017, S. 137). Diese Phasen werden nacheinander behandelt, sodass eine Rückkopplung unerwünscht ist. Sollten Ergebnisse eine Phase nicht das erwünschte Ergebnis erzielen, werden die vorherigen Phasen erneut durchlaufen, jedoch mit angepassten Zielen bzw. Methoden (Abts & Mülder, 2017, S. 432).

Es gibt noch viele weitere lineare Vorgehensmodelle, wie das V-Modell, Spiralmodell oder RUP, die jedoch aufgrund des begrenzten Umfanges dieser Arbeit nicht tiefer behandelt werden (Glasker & Jörgens, 2020, S. 106-109).

2.4.2 Agile Vorgehensmodelle

Die agilen Vorgehensmodelle sind aus der Problematik der linearen Vorgehensmodelle entstanden, das spontane Veränderungswünsche nur mit großem Aufwand ermöglicht werden. Bei agilen Vorgehensmodellen sollte der Entwicklungsprozess schlank und flexibel umsetzbar sein. Grundlage für diese Modelle ist das agile Manifest, welches von 17 Autoren im Jahr 2001 entworfen wurde. Dieses Manifest soll eine Orientierung für agile Vorgehensweisen ermöglichen (Rau & Schuster, 2021, S. 10).

Eine agile Vorgehensweise, die in den letzten Jahren eine steigende Popularität erlangt hat, ist Scrum. Scrum beinhaltet eine hohe Flexibilität und Kreativität im Entwicklungsprozess. Es wird ohne Lasten- und Pflichtenheft gearbeitet, sodass das Produkt iterativ im ständigen Austausch mit dem Kunden fertiggestellt wird. Hierbei erhält der Kunde einen sehr hohen Stellenwert. Das Besondere ist der Verzicht auf konkrete Phasen, denn es wird mit Sprints gearbeitet (Walter, Berger & Mühlfelder, 2017, S. 138-139).

Innerhalb eines Sprints wird jeweils ein Feature bzw. ein Produkt fertiggestellt, sodass direkt im Anschluss der Fertigstellung, ein Feedback des Kunden eingeholt werden kann und die Anforderungen bzw. Veränderungswünsche in die weitere Entwicklung einfließen kann (Glasker & Jörgens, 2020, S. 113-114).

Eine weitere Besonderheit bei Scrum ist die Rollenverteilung. Innerhalb des Scrum Teams gibt es verschiedene Rollen. Der Product Owner ist für den wirtschaftlichen Erfolg des Projektes zuständig und vertritt den Auftraggeber. Zusätzlich entscheidet der Product Owner in welcher Reihenfolge, welche Aufgaben umgesetzt werden. Das Entwicklerteam hingegen entscheidet das wie, also mit welchen Methoden und Herangehensweisen, diese umgesetzt werden. Der Scrum Master ist für die Einhaltung des Prozesses zuständig. Er fungiert als Zwischenglied zwischen dem Product Owner und dem Entwicklerteam. Er moderiert die Meetings und sorgt für die optimalen Rahmenbedingungen für das Entwicklerteam. Der Kunde ist im ständigen Kontakt mit dem Product Owner. Der Kunde definiert die Anforderungen und gibt Feedback zu den bereits entwickelten Features (Fiedler, 2018, S. 233-234).

Am Anfang eines Projektes entsteht beim Scrum eine Vision des fertigen Produktes. Diese Vision des Produkts wird innerhalb des Entwicklungsprozesses immer weiter verfeinert. Zu Beginn wird dennoch eine Liste mit Anforderungen, die das neue System beinhalten soll, fertiggestellt. Die Liste nennt sich Product Backlog. Im Sprint Backlog werden die Anforderungen aus dem Product Backlog, die innerhalb des Sprints umgesetzt werden sollen, aufgelistet. Beim Product Increment werden alle bereits entwickelten Product Backlog Einträge dargestellt, sodass eine bessere Übersicht zum Projektstatus entsteht (Walter, Berger & Mühlfelder, 2017, S. 143-145).

Spezifisch für Scrum ist das Daily Scrum Meeting. Hierbei wir jeden Tag zur selben Zeit, ein 15-minütiges Meeting gehalten. Der Scrum Master moderiert das Meeting und erfragt was seit dem letzten Meeting erledigt wurde, was bis zum nächsten Meeting geplant ist und ob es Komplikationen gab. Des Weiteren gibt es das Sprint Planning Meeting. Der Product Owner präsentiert die hoch priorisierten Anforderungen des Product Backlogs und stellt den Umsetzungsplan vor. Eine weitere Meeting-Art ist das Sprint Review Meeting. Hierbei wird die aktuelle Version des Systems, die nach Beendigung des letzten Sprints fertiggestellt wurde, vorgestellt (Fiedler, 2018, S. 232-233).

2.5 IT-Lebenszyklus

In der Literatur sind viele verschiedene Phasenmodelle, die im Bezug zum IT-Lebenszyklus entstanden sind, zu finden. Die Anzahl der Phasen, sowie die Bezeichnungen der einzelnen Phasen können sich unterscheiden. In den meisten Modellen werden jedoch ähnliche Inhalte dargestellt. In diesem Beispiel wurde sich für ein sechsstufiges Phasenmodell entschieden. Enthalten sind die Planungsphase, Definitionsphase, Entwurfsphase, Implementierungsphase, Testphase, sowie die Wartungsphase (Mertens et. al., 2017, S. 137).

2.5.1 Planungsphase

Beginnend mit der Planungsphase wird die eigentliche Projektidee dargestellt. Es werden die groben Inhalte und Ziele aufgezeigt, sowie versucht die Entwicklungskosten und den wirtschaftlichen Nutzen abzuschätzen (Mertens et. al., 2017, S. 137). Hierbei wird beispielsweise eine Ist-Analyse vollzogen, wobei die wichtigsten Softwareanforderungen als Ergebnis in einem Lastenheft dokumentiert werden. Berücksichtigt werden dabei unteranderem die Hardware und die Grundsoftwaren, wie Datenbanksysteme oder Betriebssysteme, mit der die neue Software kompatibel sein sollen (Lehner, Wildner & Scholz, 2008, S. 151).

Nachdem die Hauptanforderungen festgelegt wurden, werden die zur Verfügung stehenden Produkte auf dem Markt analysiert, sowie bei intern vorhandenen Kompetenzen, die Möglichkeit der Eigenentwicklung überprüft. Das Lastenheft dient als Anforderungskatalog, sodass die verschiedenen Möglichkeiten innerhalb einer Machbarkeitsstudie analysiert werden. In der Regel sollte sich für die Alternative entschieden werden, die die größte Überschneidung mit den Anforderungen des Lastenheftes besitzt (Glasker & Jörgens, 2020, S. 49-50).

Auf Grundlage der ausgewählten Umsetzungsalternative wird ein Projektplan erstellt. Inhalte des Projektplans sollten der Projektstrukturplan, die Meilensteinplanung, Einsatzmittelbedarfsplanung, Ablauf- und Terminplanung, sowie die Kostenplanung sein (Alpar, Alt, Bensberg & Weimann, 2019, S. 385). Innerhalb des Projektstrukturplans wird das gesamte Projekt in kleine Teile aufgegliedert. Dabei werden alle Aktivitäten, die zur Umsetzung des Projektes notwendig sind, aufgelistet. Der Strukturplan kann zwei unterschiedliche Logiken verfolgen. Entweder ist dieser objekt- bzw. produktorientiert oder er ist prozess-, funktions- bzw. phasenorientiert. Ersteres setzt das Projektziel als Ausgangspunkt und gliedert alle nötigen Aktivitäten zur Erreichung dieses Ausgangspunktes in verschiedenen Ebenen neben und untereinander. Zweiteres setzt das Projektziel ans Ende und verfolgt Teilziele, die in eine chronologische Reihenfolge gesetzt werden. Dadurch können, wie in diesem Kapitel gewählten Beispiel eines IT-Lebenszyklus, mehrere Phasen entstehen, die nacheinander abgearbeitet werden (Alpar, Alt, Bensberg & Weimann, 2019, S. 386-387).

2.5.2 Definitionsphase

In der Definitionsphase werden die Anforderungen, die in dem Lastenheft vom Auftraggeber definiert wurden, vom Auftragnehmer innerhalb des Requirement Engineering analysiert. (Lehner, Wildner & Scholz, 2008, S. 153). Das Ergebnis ist das Pflichtenheft, welches die Anforderungen, also welche Eigenschaften und Fähigkeiten das Produkt besitzen soll, spezifiziert werden. Hierbei umfasst das Pflichtenheft die Anforderungen, die laut Auftragnehmer enthalten sein müssen, in Bezug auf Qualität, Leistung und Funktionen (Alpar, Alt, Bensberg & Weimann, 2019, S. 365).
Eine beliebte Variante zur Überprüfung der entwickelten Idee, ist das Prototyping. Es werden nicht vollständig entwickelte Vorabversionen erstellt, die in der praktischen Anwendung überprüft werden. Hierbei kann zwischen drei Arten des Prototypings differenziert werden. Um die technische Umsetzbarkeit zu überprüfen, wird das experimentelle Prototyping genutzt. Die Entwicklung der ersten Version des zukünftigen Systems wird evolutionäres Prototyping genannt. Die dritte Variante ist das explorative Prototyping. Bei dieser Art des Prototypings werden die Anforderungen des Auftraggebers innerhalb eines Prototyps angewandt, um mehr Verständnis für die Kundenwünsche zu erlangen (Abts & Mülder, 2017, S. 480).

2.5.3 Entwurfsphase

Innerhalb der Entwurfsphase werden die Anforderungen in ein Modell integriert (Lehner, Wildner & Scholz, 2008, S. 153). Das Ziel ist es eine Softwarearchitektur zu entwickeln, die häufig in zwei Schritten entworfen wird. An erster Stelle wird der Grobentwurf entwickelt, der die globale Softwarearchitektur definiert. Darauffolgend entsteht der Feinentwurf, der die einzelnen Komponenten, sowie die Beziehungen zueinander darstellt (Balzert, 2011, S. 6). Um den Grob- und Feinentwurf zu entwickeln, müssen vorerst die Softwarekomponenten identifiziert, sowie innerhalb der Softwarearchitektur angeordnet werden (Lehner, Wildner & Scholz, 2008, S. 153). Eine Herausforderung ist die Erstellung einer Softwarearchitektur, die die Einflüsse und Ziele der einzelnen Softwarekomponenten optimal aufeinander abgestimmt beinhaltet, denn die einzelnen Softwarekomponenten beeinflussen sich gegenseitig und haben häufig konkurrierende

Ziele, sodass eine mitunter kompromissbehaftete Lösung gefunden werden muss (Balzert, 2011, S. 6).

2.5.4 Implementierungsphase

In der Implementierungsphase werden die Modelle, die in der Entwurfsphase definiert wurden, programmiert und zu einem funktionsfähiges Softwaresystem entwickelt (Balzert, 2011, S. 492). Es werden hierbei der Programmcode, die Benutzeroberfläche und die Datenstruktur entworfen (Glasker & Jörgens, 2020, S. 58).

2.5.5 Testphase

Grundsätzlich wird innerhalb des gesamten Projektes getestet, jedoch werden nach der Implementierungsphase verschiedene Arten von Tests angewandt. Diese Tests werden häufig mehrfach und nach jeder Änderung erneut angewandt. Zu unterscheiden sind die Tests in Modultests, Integrationstests, Systemtest und Regressionstest.

Der Modultest umfasst die Überprüfung entwickelter Funktionen, wobei die Funktionsfähigkeit kontrolliert wird. Der Integrationstest beinhaltet die Überprüfung der Funktionsfähigkeit zwischen den einzelnen Teilsystemen bzw. Modulen. Innerhalb des Systemtest werden in einer Testumgebung, das gesamte System mit allen Subsystemen, auf ihre Funktionalität überprüft. Die Testumgebung sollte im besten Fall ein Duplikat der Produktivumgebung sein, sodass die Funktionalität so realitätsnah wie möglich überprüft werden kann. Beim Regressionstest wird das System nach Änderungen erneut überprüft. Dabei können die genannten Testarten innerhalb des Regressionstest angewandt werden.

Für den Projekterfolg ist das Anwenden der Test essenziell, um Probleme frühzeitig zu erkennen und die Funktionsfähigkeit zu gewährleisten (Glasker & Jörgens, 2020, S. 59-60).

2.5.6 Wartungsphase

Trotz vielseitigen Tests kann es sein, dass Fehler bei der Inbetriebnahme des Systems entstehen. In der Wartungsphase werden die Fehler beseitigt (Lehner, Wildner & Scholz, 2008, S. 157). Zusätzlich wird das System an neue Anforderungen angepasst. Die neuen Anforderungen können verschiedene Ursachen haben. Zum einen können innerhalb des Lastenhefts Anforderungen gefehlt haben, die bei der theoretischen

Auseinandersetzung nicht aufgefallen sind. Zum anderen können sich die Anforderungen aufgrund von neuen Geschäftsmodellen oder gesetzlichen Veränderungen geändert haben (Mertens et al., 2017, S. 139).

Grundsätzliche Aktivitäten der Wartungsphase sind die Stabilisierung des Systems, die das Beheben unerkannter Fehler beinhaltet, die Optimierung, die die Prozessoptimierung anstrebt und die Anpassung, sowie Erweiterung, die die neuen Anforderungen umsetzen (Lehner, Wildner & Scholz, 2008, S. 157-158).

3. Anwendungsteil

3.1 Unternehmensvorstellung

Der Anwendungsteil orientiert sich an dem fiktiven Unternehmen Plattform GmbH, welches im Online-Marketing tätig ist. Das Unternehmen ist ein Kleinstunternehmen (vier Mitarbeiter) und betreibt eine regionale Internet-Plattform. Der Content der Internet-Plattform umfasst informativen Content aus der Region, wie bspw. Ausflugsziele und Sehenswürdigkeiten. Zusätzlich gibt es ein Branchenbuch, indem sich Unternehmen aus der Region vorstellen und informative Angebote präsentieren können. Die Umsätze werden im B2B-Bereich generiert, wobei ein Abo-Modell verfolt wird. Zusätzlich werden Werbeflächen verkauft. Aufgrund von immer größeren Umsatzeinbußen soll ein neues Geschäftsmodell eingeführt werden. Der Fokus des neuen Geschäftsmodells liegt in der Bereitstellung eines Online-Shops, wobei „Deals" aus der Region präsentiert werden und mit informativen Content in Verbindung gebracht werden. Diese „Deals" sind Rabatte und Gutscheine und werden von den Unternehmenskunden eingestellt. Umsätze werden mithilfe eines CPO (Cost-per-Order) generiert. Aufgrund der neuen Anforderungen, die aus dem neuen Geschäftsmodell resultieren, soll eine neue Software genutzt werden, die eine Web-App, sowie eine Android- und IOS-App enthält. Um Kostenersparnisse zu schaffen, wurde eine White-Label Version erworben, die an die neuen Anforderungen angepasst wurde. Diese Software beruht auf keinem klassischem Content-Management-System, sondern wurde nativ entwickelt.

3.2 Der IT-Lebenszyklus am Praxisbeispiel der Plattform GmbH

3.2.1 Planungsphase

In der Planungsphase wurde die Projektidee und die Gründe für die Entwicklung eines neuen Systems aufgezeigt (Mertens et. al., 2017, S. 137). Die Idee der neuen Software ist, ein Alleinstellungsmerkmal innerhalb der Region zu erlangen und nicht nur informativen Content darzustellen, sondern die Informationen aus der Region mit Angeboten von Unternehmen in Verbindung zu bringen. Innerhalb der Ist-Analyse wurden die wichtigsten Anforderungen im Lastenheft niedergeschrieben (Lehner, Wildner & Scholz, 2008, S. 151). Zu den wichtigsten Anforderungen gehören, dass die Daten der alten Datenstruktur in die neue integriert und dargestellt werden können und das eine App für die Nutzer, sowie eine Partnerapp für die Unternehmenskunden entwickelt wird. Eine weitere Anforderung ist die funktionsfähige Ausspielung und Einlösung von Deals. Dabei ist zu berücksichtigen, dass bei Wertgutscheinen, die gängigen Bezahlfunktionen integriert werden, das System die Bezahlung, sowie Stornierungen erkennt und dem Nutzer der korrekte Wertgutschein und ein individueller Code ausgespielt wird. Des Weiteren muss dem Unternehmenskunden, innerhalb der Partner-App, der Wertgutschein freigeschaltet werden und die Scannung mithilfe eines QR-Codes gewährleistet sein. Hierbei muss das System eine vollkommene und teilweise Einlösung erkennen und dem Nutzer im Falle einer teilweisen Einlösung, einen geminderten Wertgutschein ausgeben.

Die App bzw. Web-App soll verschiedene Bereiche beinhalten, sodass nicht nur ein redaktioneller Bereich dargestellt werden soll, bei dem dem Nutzer vorgegeben wird, was ihm präsentiert wird, sondern es soll zusätzlich einen intelligenten Shop-Bereich geben, bei dem die Deals ausgespielt werden, die zu dem Klickverhalten und den Interessen des Nutzers passen. Dies ist eine gekürzte Liste der Anforderungen, da eine vollständige Liste, den Umfang dieser Arbeit überschreiten würde.

Im nächsten Schritt wurden die zur Verfügung stehenden Produkte auf dem Markt analysiert und die Möglichkeit der Eigenentwicklung in Betracht gezogen. Ein Partnerunternehmen, der Plattform GmbH, hat die Bereitstellung einer White Label Version angeboten. Die Grundsoftware der White Label Version ist auf die Bereitstellung von Deals, sowie die gefilterte Darstellung von Deals innerhalb eines Ortes ausgelegt, sodass eine große Überschneidung der Anforderungen vorhanden war. Die gesamte informative Datenstruktur muss jedoch innerhalb der „Deal-Logik" integriert werden. Mithilfe einer Machbarkeitsstudie wurden die verschiedenen Möglichkeiten der Datenintegration und Überschneidung der Anforderungen eruiert (Glasker & Jörgens, 2020, S. 49-50). Es wurde sich für die White Label Version entschieden, da eine

Veränderung bzw. Weiterentwicklung der White Label Version kostengünstiger ist, als die Neuentwicklung einer Software.

Im nächsten Schritt wurde ein Projektplan entwickelt. Der Projektplan beinhaltete einen funktionsorientierten Projektstrukturplan, Ablauf- und Terminplanung, sowie eine Kostenplanung. Innerhalb des Projektstrukturplans wurden die Aktivitäten, die zur Erreichung der Anforderungen nötig sind, aufgelistet. Diese wurden innerhalb einer chronologischen Ablaufplanung dargestellt (Alpar, Alt, Bensberg & Weimann, 2019, S. 385). Die Gesamtzeit des Projektes wurde auf zwölf Wochen datiert und beinhaltete einen Kostenaufwand von circa 30.000€.

3.2.2 Definitionsphase

In der Definitionsphase wurde die angegebenen Anforderungen innerhalb eines Pflichtenheftes niedergeschrieben bzw. wurde dargestellt, welche Fähigkeiten und Eigenschaften das Produkt besitzen muss, um die angegebenen Anforderungen zu gewährleisten (Alpar, Alt, Bensberg & Weimann, 2019, S. 365). Der Vorteil bei der Nutzung einer White Label Version ist, dass ein bereits funktionsfähiges System übernommen wird und überschaubare Veränderungen vorgenommen werden. Typische Aktivitäten, wie das evolutionäre Prototyping sind überflüssig, da die grundsätzliche Logik des Systems nicht verändert wurde und das zukünftige System, technisch sehr ähnlich zur Grundsoftware ist. Das experimentelle Prototyping wurde angewandt, um veränderte Darstellungen und Teillogiken zu überprüfen (Abts & Mülder, 2017, S. 480). Beispielsweise wurde zusätzlich zu den lokalen und online Deals, informative Deals eingeführt. Es sollte die Deal-Logik beibehalten werden, sodass informative Inhalte, wie beispielsweise ein Ausflugsziel oder ein Branchenbucheintrag, als Deal verstanden wird, jedoch andere Eigenschaften besitzt (andere Auswahlmöglichkeiten der dargestellten Inhalte, wie der Call-to-action-Button oder keine Erscheinung im intelligenten Shop-Bereich).

3.2.3 Entwurfsphase

Die Entwurfsphase konnte aufgrund der genutzten White Label Version schnell umgesetzt werden. Der Grobentwurf, der die globale Softwarearchitektur darstellt, bestand bereits. Lediglich im Feinentwurf gab es einzelne Softwarekomponenten, die hinzugefügt werden mussten (Balzert, 2011, S. 6). Beispielsweise gibt es bei der Grundsoftware nur zwei Ebenen. In der ersten Ebene werden Teaser angezeigt und in der zweiten Ebene Deals. Für die Software der Plattform GmbH musste eine weitere Ebene integriert werden, sodass die Teaser als Menüführung verstanden werden. In der ersten Ebene gibt es Teaser, wie beispielsweise Kategorien oder Orte, in der zweiten Ebene teilweise Inhalte und teilweise weitere Teaser mit Unterkategorien oder Orten und in der dritten Ebene nur Inhalte.

3.2.4 Implementierungsphase

In der Implementierungsphase wurde die Grundsoftware dupliziert, an die neuen Anforderungen angepasst und zu einem funktionsfähigen Softwaresystem entwickelt (Balzert, 2011, S. 492). Der zu Beginn angegebene Zeitplan wurde mit zehn Wochen überschritten. Diese Überschreitung resultierte aus mehreren Faktoren. Zum einen gab es vermehrte Krankheitsfälle, es wurden innerhalb der Entwicklungszeit neue Anforderungen und Feature vom Kunden gewünscht, die Freigabe der Apps, besonders bei Apple, haben sich verzögert und die Entwickler haben die benötigte Zeit für einige Feature falsch eingeschätzt.

3.2.5 Testphase

Innerhalb der Testphase bzw. nach Fertigstellung einzelner Feature wurden einige Test angewandt. Nach Fertigstellung einzelner Funktionen wurden Modultest vollzogen. Zusätzlich gab es Integrationstest, Systemtest, sowie Regressionstest, die nach Veränderungen am System umgesetzt wurden (Glasker & Jörgens, 2020, S. 59-60). Hierbei wurde auch der interne Projektleiter der Plattform GmbH mit einbezogen und gebeten, diese Feature in der Testplattform zu prüfen. Innerhalb der Testphase sind Probleme identifiziert wurden, woraus neue Anforderungen an die Software entstanden sind. Beispielsweise wurde bei der Entwicklung der drei Ebenen und der Zuordnung der Inhalte zu den einzelnen Teasern im Backend, nicht berücksichtigt, dass die Datenstruktur der Plattform GmbH komplexer und größer ist, sodass Filterfunktionen mit mehrfacher und/oder Auswahl entworfen werden mussten. Damit jedoch diese

Filterfunktion funktionieren kann, mussten Deal-Eigenschaften entwickelt werden, die eine Zuordnung zu den alten Datensätzen ermöglichen. Als Beispiel ist das Branchenbuch zu nennen, welches ca. 2000 Datensätze enthält mit Unternehmen, die mehreren Branchen und Orten zugeordnet sind. Bei der Datenintegration und Zuordnung der Unternehmen zu den einzelnen Teasern (Branchenbuch Gesamt, Branchenbuch je Kreisgebiet, Branchenbuch je Ort) hätte jeder Datensatz, ohne automatische Filterfunktion und Zuordnung, mehrfach verschiedenen Teasern zugeordnet werden müssen.

3.2.6 Wartungsphase

Aufgrund der gründlichen Testphase, die nicht nur auf Entwicklerebene, sondern auch vom internen und externen Projektleiter umgesetzt wurde, sind keine größeren Fehler nach Fertigstellung aufgekommen, die behoben werden mussten. Während des Entwicklungsprozesses sind dutzende neue Features und Anforderungen aufgekommen, die in der Zukunft integriert werden sollen. Es wurde entschieden, dass der Relaunch der Plattform vorerst mit allen Features der Priorität 1 und mit einigen Features der Priorität 2 entwickelt wird. Alle weiteren Features werden je nach Priorisierung direkt nach dem Live-Gang oder in den kommenden Monaten umgesetzt. Zusätzlich erhält das System automatisch die Updates der Grundsoftware, sodass es an neue Anforderungen angepasst wird (Mertens et. al., 2017, S. 139).

3.3 Managementherausforderungen

Die Managementherausforderungen in diesem Praxisbeispiel waren nicht nur eine funktionsfähige Bereitstellung des Systems zu gewährleisten, sondern ebenfalls sich personell und strategisch neu aufzustellen. Im Folgenden werden die Herausforderungen im Bereich des Projektmanagements, der strategischen Neuausrichtung und mit Fokus auf die neuen personellen und vertrieblichen Anforderungen erörtert.

3.3.1 Externes und internes Projektmanagement

Die Plattform GmbH besteht, wie erwähnt, aus einem kleinen Team. Keiner der Mitarbeiter hat ausreichend Kompetenzen im Bereich der IT, um das technische Projektmanagement zu gewährleisten, die Anforderungen klar genug zu definieren und realistische Preis-Leistungsbezüge zu erkennen. Daher musste ein Bindeglied zwischen dem internen Projektmanagement und den Entwicklern geschaffen werden. Der Einkauf von Kompetenzen oder neuem Personal würde sich langfristig nicht rentieren. Als effiziente und kostengünstige Lösung wurde das externe Projektmanagement vom White Label Geber übernommen. Die inhaltlichen Anforderungen wurden für die Entwickler übersetzt und unverhältnismäßige Anforderungen vom externen Projekteiter vorab begrenzt. Zusätzlich hat der externe Projekteiter einen fixen Preis für die einzelnen Feature und für das gesamte Projekt durchgesetzt, sodass keine preisliche Ausuferung des Projektes stattfinden konnte. Dadurch, dass der White Label Geber ein ähnliches Geschäftsmodell führt, konnten zusätzlich Hilfestellungen im strategischen Bereich gegeben und potenzielle Fehlerquellen vorab berücksichtigt werden. Die Wahl einen externen Projektleiter einzusetzen, der eine gewisse Nähe zur Plattform GmbH besitzt, hat zu einer kostengünstigen und effizienten Entwicklung der Software geführt (Oechetering, 2005, S. 26-28).

3.3.2 Ambidextrie

Eine weitere große Herausforderung für das Management entstand durch das neue Geschäftsmodell. Vor dem Relaunch lag der Fokus auf dem Branchenbuch und den informativen Inhalten. Die Einnahmen aus dem Portal der Plattform GmbH kamen überwiegend aus dem Abo-Modell der Branchenbucheinträge, sowie teilweise aus Werbeanzeigen. Das alte Geschäftsmodell hat unter Umsatzeinbußen gelitten. Dennoch müssen innerhalb der neuen Plattform die Branchenbucheinträge integriert und präsent dargestellt werden, um nicht weitere Kündigungen und Umsatzeinbußen zu erhalten, die aus der Unzufriedenheit der Kunden resultieren. Das neue Geschäftsmodell beinhaltet im Gegensatz zum Abo-Modell eine andere Logik zur Schaffung von Umsetzen. Während das alte Geschäftsmodell monatliche fixe Beträge beinhaltet, wird im neuen Modell leistungsbezogen vergütet. Ähnlich wie beim Affiliate Marketing entsteht eine Provision bei erfolgreich eingelösten Gutscheinen. Im stationären Bereich werden Wertgutscheine und im Online-Shop Bereich, Rabatte und Gutscheincodes, die auf den Partnershop verlinken, angeboten. Damit Umsätze generiert werden, muss genügend Traffic auf dem Portal vorhanden sein und die Usability optimiert, sowie attraktive Angebote vorhanden sein, um eine wünschenswerte Conversion Rate zu erreichen (Kreutzer, 2021, S. 94-95). Als transformierende Organisation hat die Plattform GmbH den Vorteil, dass sie eine gewisse Umsatzsicherheit aufweist und ohne akuten finanziellen und zeitlichen Druck, das neue Geschäftsmodell aufbauen kann (Mettig, 2017a, S. 29). Problematisch ist jedoch, dass die Neuentwicklung der Software, sowie die Marketing- und Vertriebskampagnen nach Relaunch der Plattform finanziell limitiert sind, da das neue Geschäftsmodell von dem alten Geschäftsmodell mitfinanziert wird. Da das Portal als ein Plattform Geschäftsmodell identifiziert werden kann und zur Erreichung vieler Marktanteile, Netzwerkeffekte nutzen muss, wäre eine aggressivere und monetär breiter aufgestellte Vorgehensweise vorteilhafter (Mettig, 2017b, S. 44-45). Um dennoch zügig viele Marktanteile zu erlangen, hat sich das Management dazu entschieden, mit größeren Anbietern aus der Region zu kooperieren, sodass Werbeleistungen gegen Werbeleistungen getauscht werden, um die Reichweite zu erhöhen.

Ein Vorteil den die Plattform GmbH als transformierende Organisation aufweist, ist, dass sie auf eine gewisse Anzahl an Kunden zurückgreifen kann, die Marke teilweise in der Region bekannt ist und bereits Traffic auf der Seite herrscht (Mettig, 2017a, S. 27). Der Traffic ist jedoch in den vergangenen Jahren zurückgegangen, da das Portal seit Jahren nicht aktualisiert wurde, wodurch technische Fehler vorhanden waren, keine mobile Ansicht möglich war und der redaktionelle Bereich nicht aktuell gehalten wurde. Besonders durch die Mobile First Indexierung von Google hat das Portal Rückgänge im Traffic verbüßen müssen, da die meisten Aufrufe über die organische Suche erfolgten (Google, 2022).

Ein Nachteil für die Plattform GmbH und Herausforderung für das Management war, dass alte Verpflichtungen mit Behörden, Vereinen und wirtschaftlichen Institutionen herrschten, die die Veröffentlichung einer neuen Plattform mit neuen Inhalten stark einschränkten, sodass die Verträge vorab gekündigt oder erneuert werden mussten. Das Management hatte während des gesamten Entwicklungsprozesses, sowie nach dem Relaunch die Herausforderung, die Kapazitäten und Ressourcen auf beide Geschäftsmodelle aufzuteilen. Es wurden kaum Gelder in das alte Geschäftsmodell investiert, jedoch mussten einige Feature aufgrund des alten Geschäftsmodells, in die neue Plattform integriert werden. Die größten Kosten sind dadurch entstanden, dass das Management die zeitlichen und personellen Ressourcen auf beide Geschäftsmodelle aufgliedern musste (Mettig, 2017a, S. 26-27).

Des Weiteren mussten die Mitarbeiter einige Prozesse und Routinen neu erlernen und gleichzeitig alte Strukturen beibehalten. Besonders der Umgang mit der Datenpflege im Backend hat viel Zeit in Anspruch genommen. Um den Mitarbeitern die Neuerlernung der Prozesse zu vereinfachen und die Fehlerquellen so gering wie möglich zu halten, hat das Management, Klickanleitungen für alle relevanten Bereiche erstellen lassen (Mettig, 2017a, S. 27-28).

3.3.3 Wachsende Anforderungen an das Personal

Mit der Einführung des neuen Systems und Geschäftsmodells sind die Anforderungen an das Personal drastisch angestiegen. Während der letzten Jahre hat sich eine eher gemütliche Arbeitsintensität eingeschlichen. Das Management musste eine Lösung finden, die Motivation und Arbeitsintensität der Mitarbeiter zu erhöhen und die Mitarbeiter zu fördern, sodass sie den neuen Anforderungen, besonders auf technischer Ebene, gewappnet sind. Zur Steigerung der Arbeitsmotivation und -intensität wurden Feedbackgespräche und Zielvereinbarungen eingeführt. Die Feedbackgespräche und Ziele wurden vorerst auf Quartale aufgeteilt, sodass die Ziele klein gehalten wurden und erreichbarer wirkten. Des Weiteren wurde darauf geachtet, dass die Ziele spezifisch, messbar, attraktiv, realistisch und terminiert sind (Rottmann & Witte, 2019, S.29). Zusätzlich wurde darauf geachtet, dass die Ziele nicht vorgesetzt wurden, sondern die Partizipation der Mitarbeiter berücksichtigt wurde. Für die Motivationssteigerung zur Zielerreichung und Leistungssteigerung wurde zusätzlich zum fixen Gehalt eine variable Vergütung eingeführt, die an der Erreichung der Ziele gekoppelt ist. Generell hat das Management den Führungsstil zu einer Mischung aus transformationalen und transaktionalen Führung gewandelt (Schuler, 2007, S. 568). Des Weiteren wurde eine Kommunikationsstrategie innerhalb des Change Prozesses festgelegt, sodass festgehalten wurde wer, was, wann, wo, wie und von wem erfährt. Nur mit der richtigen Kommunikation können Ängste und Widerstände der Mitarbeiter beseitigt werden (Stegmaier, 2016, S. 92). Um den neuen Anforderungen im technischen Bereich gerecht zu werden, wurden einige interne Schulungen durchgeführt und den Mitarbeitern Paper und Klickanleitungen an die Hand gegeben. All diese Maßnahmen haben zu einer moderaten Steigerung der Motivation und Arbeitsintensität geführt (Vahs & Weiand, 2020, S. 370-371).

3.3.4 Vertrieb und Partnermanagement

Ein wichtiger Bereich, der bisher unterbesetzt war und lediglich vom Management selbst durchgeführt wurde, ist der Vertrieb. Um jedoch Netzwerkeffekte zu schaffen und genügend Websitebesucher und Anbieter zu akquirieren, müssen zwei Bereiche gefördert werden. Zum einen müssen genügend Anbieter mit attraktiven Angeboten vorhanden sein, sowie der informative Bereich vollständig und aktuell gehalten werden, damit die Plattform attraktiver für Nutzer ist und der Traffic gesteigert werden kann. Zum anderen muss die Plattform eine starke Reichweite und Conversion Rate besitzen, damit mehr und attraktivere Anbieter ihre Angebote auf der Plattform schalten (Mettig, 2017b,

S. 44). Wie erwähnt ist das Budget für Werbemaßnahen limitiert, jedoch hat das Portal bereits eine moderate Anzahl an monatlichen Nutzern. Mithilfe der Werbemaßnahmen kann diese Reichweite gesteigert werden, jedoch verbleiben die Nutzer nur, wenn das Angebot vielfältig und attraktiv ist (Kreutzer, 2021, S. 94-95). Hierfür muss der Vertrieb hochgefahren und viele Anbieter akquiriert werden. Aufgrund von zeitlichen Engpässen kann das Management den Vertrieb nicht allein erfolgversprechend umsetzen, sodass weitere Vertriebler eingesetzt werden müssen. Großkunden und Partner werden weiterhin vom Management betreut, jedoch sollen kleine Unternehmen und Mittelständler von Vertrieblern akquiriert werden. Eine Schwierigkeit, die sich hieraus ergibt, ist, dass keine Unsummen für einen Vertriebler ausgegeben werden kann und gleichzeitig die Qualität hoch sein muss, um eine Vielzahl an Kunden zu gewinnen. Des Weiteren ist nicht, wie bei Pipeline Geschäftsmodellen, ein direkter Bezug zwischen Vertrieb und Umsatz zu erkennen, da der Vertrieb keine eigenen Produkte vertreibt, sondern neue Anbieter für die Plattform akquiriert (Mettig, 2017b, S. 88-89). Das führt zu einem erschwerten direkten Bezug von Leistung und Erfolg, denn abhängig von den Umsätzen der akquirierten Kunden, ist die Attraktivität des Kunden, das Marketing bzw. die Anzahl der Websitebesucher und der Aufbau, sowie Usability der Website (Kreutzer, 2021, S. 94-95). Um die Verpflichtungen so gering wie möglich zu halten, wurde ein Hochschulabsolvent mit fixem und variablen Gehaltsmodell eingestellt, ein Handelsvertreter, der lediglich mit Provision arbeitet und verschiedene Partner, mit denen unteranderem eine Vertriebspartnerschaft eingegangen wurde. Einer dieser Partner ist ein Anbieter für ein Online-Bestellsystem für Gastronomen mit regionalem Fokus. Die Plattform GmbH leitet potenzielle Kunden, bei Kundengesprächen an den Partner weiter und integriert innerhalb des Portals eine prägnante Verlinkung zu dem Bestellsystem, sodass zusätzlich zum B2B Vertrieb, Nutzer weitergeleitet werden. Der Partner errichtet hierfür eine Website mit dem Namen der Region und dem Design der Plattform GmbH, auf der Nutzer aus der gesamten Region Essen bestellen können. Zusätzlich spricht der Partner die eigenen Gastronomen an und versucht, dass Angebote auf dem Portal der Plattform GmbH eingestellt werden.

4. Diskussion

Wie in Kapitel 2 zu erkennen ist, ist das Thema Informationstechnologie sehr komplex und vielfältig. Mit der grundsätzlichen Beschreibung von Informationstechnologien und -systemen wurde der Grundstein für die Darstellung von IT-Projekten und die Umsetzung dieser dargelegt. Der Ablauf bei der Umsetzung eines IT-Projektes variiert je nach Größe und Komplexität des IT-Projektes, sowie den Vorlieben des Auftragsnehmers.

Grundsätzlich kann zwischen linearen und agilen Vorgehensweisen unterschieden werden. Die agilen Vorgehensweisen sind stark im Trend und weisen einige Vorteile im Gegensatz zu den linearen Vorgehensweisen auf (siehe Kapitel 2.4). Dennoch sind lineare Vorgehensweisen weit verbreitet und vereinfachen ebenfalls die Komplexität eines Projektes. Eine beliebte lineare Vorgehensweise ist die Wasserfallmethode, wobei ein IT-Projekt in mehrere Phasen aufgeteilt und nacheinander abgearbeitet wird (Abts & Mülder, 2017, S. 430-431).

In dem Praxisbeispiel dieser Arbeit wurde sich für eine solche Vorgehensweise entschieden. Das Projekt wurde in eine Planungsphase, Definitionsphase, Entwurfshase, Implementierungsphase, Testphase und Wartungsphase aufgeteilt (Mertens et. al., 2017, S. 137). Um die Darstellung des Entwicklungsprozesses zu vereinfachen und einen stärken Bezug zu den theoretischen Inhalten zu erlangen, wurde die reale Situation ein wenig abgewandelt und das Projekt als reines Wasserfallmodell dargestellt. In Wirklichkeit kennzeichnete sich das IT-Projekt als eine Mischung einer agilen und linearen Vorgehensweise ab.

Das größte Problem der Plattform GmbH waren die unzureichenden internen Kompetenzen und starke Abhängigkeit von dem alten Geschäftsmodell und den zugehörigen Verpflichtungen. Mithilfe eines externen und internen Projekteiters konnten die einzelnen Phasen und das gesamte Projekt gut bewerkstelligt werden. Besonders in den ersten Phasen, in denen die Anforderungen und Feature gelistet wurden, sowie in der Testphase war die enge Zusammenarbeit zwischen den Projektleitern wichtig, um Kosten einzusparen und die Anforderungen effizient umzusetzen zu lassen. Die Wahl eine White Label Version zu nutzen, war für die Plattform GmbH eine gute Entscheidung. Die Features und Anforderungen waren dadurch ein wenig eingeschränkt und es musste besonders bei der Datenintegration auf eine korrekte Übertragung geachtet werden. Der große Vorteil der White Label Version war jedoch, dass lediglich 1/5 der Kosten, im Gegensatz zu einer neu entwickelten Software, entstanden sind.

Wie bereits angesprochen umfasst das Thema der Informationstechnologie viele und komplexe Inhalte. Aufgrund des begrenzten Umfanges dieser Arbeit konnte nur auf einzelne Themen eingegangen und diese lediglich oberflächlich beschrieben werden. Die gleiche Problematik kam im Anwendungsteil auf. Die einzelnen Phasen, besonders die Planungsphase, hätte sehr viel detaillierter beschrieben werden können, da der Autor als interner Projektleiter fungierte und den gesamten Planungsprozess verantwortete. Des Weiteren sind lediglich vier Managementherausforderungen beschrieben und diese nur kurz dargestellt. Im Praxisbeispiel sind deutlich mehr Herausforderungen für das Management entstanden, die sehr viel detaillierter hätten beschrieben werden können. Um den Umfang dieser Arbeit nicht zu sprengen, wurden die wichtigsten

Managementherausforderungen ausgesucht und präsentiert. Zusätzlich war der Teil der Unternehmensvorstellung sehr kurzgehalten. Die Situation der Plattform GmbH und die Rahmenbedingungen waren sehr komplex. Die Historie, das alte Geschäftsmodell bzw. das Portal, die Verflechtungen des Inhabers mit dem White Label Geber, sowie die Situation der Mitarbeiter wurden stark gekürzt und leicht abgewandelt dargestellt, um den Fokus stärker auf die Anwendung des Phasenmodells zu legen. Dadurch können jedoch unzureichend Informationen weitergegeben worden sein, sodass als Leser einige Zusammenhänge oder Entscheidungen schlecht nachvollzogen werden können.

Das Praxisbeispiel ist generell eine eher spezielle Situation. Ein White Label Produkt, welches für ein regionales Plattform-Geschäftsmodell genutzt wird, gehört nicht zu den gängigsten Softwareentwicklungen, wodurch die Anwendbarkeit dieses Praxisbeispiels auf andere Softwareentwicklungsprozesse zu hinterfragen ist.

5. Fazit & Ausblick

Diese Arbeit hat gezeigt, dass die Nutzung von Informationstechnologien und -systemen ein sehr komplexes Vorhaben sein kann. Auch wenn die Nutzung und Integration dieser Technologien eine große Herausforderung für das Management und die Mitarbeiter sein kann, birgt es viele Benefits und die Möglichkeit sich vom Wettbewerb abzuheben. Immer mehr Organisationen vereinfachen im Zuge der Digitalisierung ihre Prozesse und machen diese messbarer. Um die Digitalisierung in den Organisationen zu stemmen, ist es essenziell, dass die Mitarbeiter hinter den Veränderungen stehen. Um die Mitarbeiter, besonders die ältere Generation, von den Veränderungen zu überzeugen, können Personalentwicklungsmaßnahmen helfen (Stegmaier, 2016, S. 86). Die Komplexität der Informationssysteme wird wahrscheinlich in der Zukunft noch komplexer werden, da Themen wie Industrie 4.0 und die Vernetzung von Maschinen und Softwaren eine immer größere Rolle bei der Schaffung von Wettbewerbsvorteilen spielen werden. Zusätzlich ergeben sich hierdurch neue Managementaufgaben, wie die Mensch-Maschine-Interaktion oder die strukturelle Veränderung innerhalb einer Organisation (Mettig, 2017, S. 11-12). Die nächsten Jahrzehnte werden sicherlich eine Reihe an Neuheiten und Produktinnovationen mit sich bringen, die die Arbeit vereinfachen werden, aber gleichzeitig gesellschaftliche Probleme mit sich bringen, sodass die Wirtschaft und Politik Lösungen schaffen muss.

Literaturverzeichnis

Abts, D. & Mülder, W. (2017). *Grundkurs Wirtschaftsinformatik* (9. Aufl.). Wiesbaden: Springer Vieweg.

Alpar, P., Alt, R., Bensberg, F. & Weimann, P. (2019). *Anwendungsorientierte Wirtschaftsinformatik: Strategische Planung, Entwicklung und Nutzung von Informationssystemen* (9. Aufl.). Wiesbaden: Springer Vieweg.

Balzert, H. (2011). *Lehrbuch der Softwaretechnik: Entwurf, Implementierung, Installation und Betrieb* (3. Aufl.). Heidelberg: Spektrum Akademischer Verlag.

Bratvogel, K. & Joos, T. (2021). *Informationstechnologie Grundlagen*. HERDT-Verlag.

Brich, S. & Hasenbalg, C. (2013). *Kompakt-Lexikon Wirtschaftsinformatik*. Wiesbaden: Springer Fachmedien Wiesbaden.

Fiedler, M. (2018). *Lean Construction – Das Managementhandbuch*. Berlin: Springer Gabler.

Glasker, M. & Jörgens, F. (2020). *IT Management* (2. Aufl.). Studienbrief der SRH Fernhochschule. Riedlingen.

Google (2022). *Best Practices für Mobile First-Indexierung*. Zugriff am: 17.04.2022. Verfügbar unter https://developers.google.com/search/mobile-sites/mobile-first-indexing?hl=de

Kraus, G. & Westermann, R. (2019). *Projektmanagement mit System: Organisation, Methoden, Steuerung* (6. Aufl.). Wiesbaden: Springer Gabler.

Kreutzer, R. (2021). *Online-Marketing* (3. Aufl.). Wiesbaden: Springer Gabler.

Lackes, R. & Siepermann, M. (2018). *Definition: IT*. Zugriff am: 22.04.2022. Verfügbar unter https://wirtschaftslexikon.gabler.de/definition/it-38583/version-262004

Lehner, F., Scholz, M. & Wildner, S. (2008). *Wirtschaftsinformatik* (2. Aufl.). München: Hanser, Carl.

Leimeister, J. (2021). *Einführung in die Wirtschaftsinformatik* (13. Aufl.). Berlin: Springer Gabler.

Mertens, P., Bodendorf, F., König, W., Schumann, M., Hess, T. & Buxmann, P. (2017). *Grundzüge der Wirtschaftsinformatik* (12. Aufl.). Berlin: Springer Gabler.

Mettig, T. (2017). *Entwicklung und Umsetzung digitaler Strategien*. Studienbrief der SRH Fernhochschule. Riedlingen.

Mettig, T. (2017). *Strategien und Geschäftsmodelle in der digitalen Welt*. Studienbrief der SRH Fernhochschule. Riedlingen.

Oechtering, R. (2005). *Externes oder internes Projektmanagement: Ein Unterschied?*. Projektmanagement Aktuell, 4/2005, 26-32.

Rottmann, L. & Witte, D. (2019). *Mitarbeiter (ein)binden und gewinnen*. Wiesbaden: Springer Fachmedien Wiesbaden.

Rau, K. & Schuster, T. (2021). *Agile objektorientierte Software- Entwicklung: Schritt für Schritt vom Geschäftsprozess zum Java-Programm* (2. Aufl.). Wiesbaden: Springer Vieweg.

Schuler, H. (2007). *Handbuch der Arbeits- und Organisationspsychologie*. Göttingen: Hogrefe

Statista (2021). *Unternehmen mit Webseiten in Deutschland 2021*. Zugriff am: 20 April 2022. Verfügbar unter https://de.statista.com/statistik/daten/studie/917056/umfrage/unternehmen-mit-webseiten-in-deutschland/

Statista (2022). *Software - Umsatz Deutschland bis 2022*. Zugriff am: 20 April 2022. Verfügbar unter htps://de.statista.com/statistik/daten/studie/189894/umfrage/marktvolumen-im-bereich-software-in-deutschland-seit-2007/

Stegmaier, R. (2016). *Management von Veränderungsprozessen:* Hogrefe.

Vahs, D. & Weiand, A. (2020). *Workbook Change Management. Methoden und Techniken* (3. Aufl.). Stuttgart: Schäffer-Poeschel.

Walter, V., Berger, T. & Mühlfelder, M. (2017). *Grundfragen des Projektmanagements*. Studienbrief der SRH Fernhochschule. Riedlingen.

BEI GRIN MACHT SICH IHR WISSEN BEZAHLT

- Wir veröffentlichen Ihre Hausarbeit,
  Bachelor- und Masterarbeit

- Ihr eigenes eBook und Buch -
  weltweit in allen wichtigen Shops

- Verdienen Sie an jedem Verkauf

**Jetzt bei www.GRIN.com hochladen
und kostenlos publizieren**